JN410524

Jeon oisook

시인 전외숙

지금 막 꽃물이 밀물지고

전외숙 시집

지금 막 꽃물이 밀물지고

Poetics 시학

■ 시인의 말

죽순이 단단한 대나무가 되기 위해
제 속을 비우고 비워 내는 거
태풍이나 폭설에 몸 낮추는
그거 아무나 하는 일 아니다
제 속에 쟁여 놓은 우주 꼭 그만큼
삼라만상을 아우른다고
막 솟아오른 죽순을 보라
갑옷으로 무장한 어린 장수들
잘 벼린 창 하나씩 겨누고 있다

여름이 뜨겁다고 했던가
내게는 봄이 더 뜨겁다
숨 가쁘다

이제, 새 죽창을 벼려야 할 시간

2014년
전외숙

차 례

제1부

제2부

제3부

제4부

제1부

국화꽃 문양 쌀독에 대한 조의

두 손이 죄인이었네

수십 년 가꾸어 오던 꽃밭을 순식간에 뒤엎었네

꽃들의 비명이 지천으로 쓰러지고

발칙한 두 손으로 목덜미를 더듬은 게 화근이었네

때를 놓칠세라 그의 볼모들은 사방팔방으로 튀어 도망가고

혼비백산, 집 나간 하루해는 돌아오지 않고

사금파리 등에 업혀 철없이 만개한 실국 한 송이

백미 같은 세월 한 귀퉁이에 쓰윽 칼금을 긋고 마는데

봄밤을 놓치다

그때
개구리들은 갈갈갈갈갈갈
숨넘어가고, 나는
풀리지 않는 미분방정식 하나
밤새워 물어뜯었다

개골개골개골개골, 청춘은
높은음자리로
애먼 내 가슴 방망이질하더니

중미산 서너치고개 너머
벽계구곡 돌고 돌아
명달리까지 따라온 그들

맹맹맹맹 달달달달
갤갤갤갤 갤갤
또, 한
봄밤이 쏜살같이 달아난다

머리부터 발끝까지
하얗게 단장한 층층나무 꽃상주들
터지는 울음으로 숨이 턱턱 막힌다는데

시인

최고의 봄밤을 준비하는가

은밀한 숫돌에 자음과 모음을 벼리는 저 사람

어둠이 하얗게 마르도록 더운밥 한 그릇 짓지 못했네

핏발 선 눈동자에

지금 막 꽃물이 밀물지고 있네

위대한 만찬

늙은 노랑부리저어새 한 마리가 주걱을 휘휘 저으며 늦은 저녁 식사 중이다 어설픈 입질로 온몸이 물속에서 푸드덕푸드덕 춤을 추는데 낙동강 아랫도리가 물이랑에 휘청인다 무거운 몸을 눕혔다 일으켰다 갈대도 안절부절

막 태어난 싱싱한 어둠이 적막을 덥석 문 채 달아나고 있다 경마공원 지나 금관가야로 달리는 저

수천 년 전 어둠

전생에서 보았던가 저 낯익은 풍경은

추억처럼, 레스토랑 벽에 걸린 채 늙어 가고 있는 수채화 한 폭

죽비

허공을 가르는 경책이 되기까지
몸과 마음을 다스리는 경전이 되기까지
화산암 틈새에 명줄 매달고
불볕과 추위, 해풍에 수백 년

살갗은 터지고
속살까지 검붉은 나무
세상살이에도 길이 있듯이
나무에게도 길이 있단다

인고의 향내로 제 몸을 채우고
세상 한가득 채우기까지
향나무의 몸속에는
스스로 만든 길이 있었을까

올여름 여행길 나선 나에게 팔려 온
저 죽비 한 자루
울릉도 저동항은 멀어져 가고 지금 내 곁에 누워

스스로를 담금질하고 있는가
아직 매 맞지 않은 마음 한켠
시뻘겋게 부어오르니

넝쿨장미

탈옥을 꿈꾼다

철조망에 매달린 채 만개한 죄의 꽃

꽃의 죄

새파랗게 질린 초승달 망루에 걸려 펄럭이는데

필사의 탈출이 참으로 화려하다 한 때

입덧

등산을 했다 아니다 산을 탔다 그것도 아니네 봄을 품었다 좀 더 진실을 털어놓자면 봄을 덮쳤다 간음했다 그래 맞아 알로록달로록 꽃잎이 무수히 내 발등을 찧고 또 찧었지 가자미눈 치켜뜬 나무뿌리에 걸어채여 내 정강이는 시퍼렇게 멍꽃을 피웠다

산자락을 돌아 윤산마을로 들어가는 길모퉁이 만삭의 미스김라일락이 보라보라 청보라꽃을 게우고 서 있다

우리 할매

늙은 감나무와 석류나무, 사철나무가 지키던 집
치자꽃 향내가 건너오는 대청마루에 앉아
햇살에게 온몸 다 내주고 갸울고 있던 우리 할매

내 목숨도 이젠 말라비틀어져 허공에 매달려 달랑달랑하는 구나
사람이 죽으면 별이 되니
나무가 되니
하지만, 내사 바람이 되고 싶네
가고 싶은 곳 어디든 훨훨 갈 수 있을 거 아니가

바람이 되고 싶다던 우리 할매
삼남사녀 생산하시고 산후풍으로 직립보행을 거부당했던 불행을 마감하셨다
우리 엄마 서럽게 울었다
바람의 딸이 바람을 보내고
오래오래 울었다

새집을 짓겠다는 아버지
그 폭탄선언이 우리들 슬픔 가운데 떨어지던 날
나는 아무도 몰래 헌 집 한 채 내 가슴에 옮겨다 심었다
오래된 감나무와 석류나무 사철나무를 데리고
늙은 햇살 속에서 할매가 갸울고 있는

Golden Hour

이미 끝난 듯! 미동도 없다
안 돼, 그를 깨워야지
가던 길을 되돌려 세워야 돼
아무리 가슴을 윽박질러도
목이 터져라 불러도 대답이 없다
막힌 혈로를 뚫기 위해 약을 주사하고
죽은 듯 기척 없는 그의 심장에
칼을 내리꽂듯 전기충격을 퍼부었다
몇 차례 또 몇 차례
그러나 소용없는 일인 듯
가슴을 열어서라도 심장을 다시
뛰게 만들어야 하는데
맨몸으로 뜨거운 불을 건너는 시간
편안하던 그의 얼굴이 순간
일그러지며 가는 숨을 되돌렸다
살았다, 나는 안도하고
그는 괴로워했다
나 살자고, 그를

어둠 이 편으로 끌어당겼던 것인가
한 시간의 투쟁이 너무 길었다
그러나 남은 삶은 또 얼마나 짧을 것인가
이것이 네게 줄 수 있는 어리석은 사랑이라
미안하다, 돌아와 줘서

버팀목

밑동 썩어 넘어질 듯
오동나무 한 그루가

허름한 까치집 하나
머리에 이고
안간힘을 다해 서 있다

뜬눈으로 밤새운
어미 까치가 이제 막
태어난 아기 까치 데리고
처녀비행 나선
새 아침

눈시울이 붉은 햇살들
늙은 오동나무 옆구리를
오래도록 받치고 있다

마애삼존불을 씹다

서산 가야산 인바위 위에 본마누라와 작은마누라 사이에서 흐뭇이 웃고 있는 남정네 바위,

여우 같은 작은마누라 다리 꼬고 앉아 남정네 볼에 손가락 살짝 찔러 보며 깔깔대는데

약 오른 본마누라 돌멩이 하나 주워들고 곧바로 던질 태세다 하나 서방님 가운데 턱 버티고 계시니 허공에 돌멩이 치켜든 채 세월만 속절없이 흐르고 있다는데

불국토 가는 길에 잠시 들렀다가 알콩달콩 인간들 이야기에 넋이 나간 부처님 다짜고짜 그 사연 사이에 끼어 앉았다가 천년 세월이 흘렀다던가

노송 한 그루 느긋이 내려다보고 있는 너럭바위에 삼존불 새겨 두고 내려오는 길섶, 연자줏빛 빗살현호색꽃 파안대소하며 손사래 치고 있는 어느 봄날

무용지물

여승만 사는 청도 운문사 마당 한가운데
젊은 후박나무 한 그루
팔월 땡볕 아래 딱!

불그레 살 오른 후박 열매
뿌리 빳빳이 쳐들고
선방 넘보는 저 후안무치

나도 오늘은 직유법으로 말하고 싶다*

* 이화은 시인의 「후박나무 아래에서는 직유법으로 말하고 싶다」에서 차용.

봄밤은,

견딜 수 없어라

촉광 높인 복사꽃 살구꽃 온몸 불붙어 환한 밤은 견딜 수 없어라

미친 사랑 역류하던 심장의 다디단 맛 죽음으로 몰고 가던 사랑의 피비린내

견딜 수 없어라

바람 한 점 묻어오지 않는 그대 소식 외로워

먼 산 진달래꽃 잦아드는 총소리도 견딜 수 없어라

무거운 산 하나 들었다 놓는 이 밤

목쉰 목련꽃 허공을 떠돌다 유성우로 쏟아지는

화력花力

당감동 119안전센터 앞
늙은 매화나무
앙상한 가지마다
꽃망울 자작자작 매달고
매운 추위를 건넌다

드잡이바람 한 떼 몰려와
뉴타운아파트 새댁들
물색 치맛자락 거푸 들쑤시는데

어느새 목련꽃 부리 하얗게 벙글어
산 너머 감천화력발전소
해종일 전력 발전 중이겠다

먼바다 뒤척이는 소리 홀로 듣는다
홀로,라는 말 허리춤
소복소복 쌓이는 침묵의 불씨
단전丹田이 뜨겁다

도다리쑥국

봄을 기다리는 것은 늘 새봄이기 때문은 아니다 마산어시장 해안을 걷다가 한쪽 발로 살짝 말랑말랑한 바다의 등을 밟아 볼 수 있기 때문도 아니다 아니다 만조로 시퍼런 바닷물이 쭈뼛쭈뼛 우리를 넘보고 있기 때문도 아니다 어느 날 불쑥 그가 뜨거운 손을 내밀었을 때 나는, 그를 뿌리칠 수 없다는 것을 그의 인생 속으로 나를 구겨 넣을 수밖에 없다는 것을, 내가 이 봄을 기다리는 것은 절대 그 사람 때문만은 아니다 해안식당 구석방에 앉아 도다리쑥국 한 그릇 앞에 놓고 전율하는 봄날을 조문한다 봄 도다리 하얀 뱃살이 출렁 닻을 내린다 쑥향이 밀물이다 그도 나도 혼자였다

다시 유월

지상에 발붙이고 사는 일
이렇게 쉬운데
세상에 내던져진 것이 어디 나뿐이었으랴
너뿐이었으랴
그해 유월은,
붉은 목숨들
툭
툭
부끄러운 폐허를 메우고
반백 년 고개 너머
이 들녘 저 산하
수천수만 들꽃
전쟁놀이라도 하는지
신록의 포연 속
꽃 피고 꽃 지는 소리 고막을 찢는다
오늘도 살아 보겠노라
핏발 세우는 저 태양도
쉬 잠들지 못하는 어느 여인네 같아라

아, 눈시울이 붉게 탄 어머니
유월 하늘
푸르다 눈 시리다
그대 이루지 못한 꿈들
무럭무럭 이 땅에 자라고 있거늘

내 가슴에 묻어 둔 군화 한 켤레
그대를 생각하며
앞으로 앞으로

다시 유월이다
세상에 발붙이고 사는 일
그해, 6월은 잊었더라

절벽에서 잠자다

상현달이 자맥질을 한다

울릉도 해안 산책로를 따라 걷다가
우우 달빛 사이로
시커먼 암벽이 뒤척이는 걸 보았다
수십 미터 절벽 위
돌부리 하나씩 붙안고 희끗희끗
갈매기들이 잠들어 있는 걸 보았다
바위의 침묵 속에서

밤새 뒤척이던 바람
먼저 일어나 펄럭인다
괭이갈매기 한 무리가 무거운 침묵을 업고
파도를 비껴 날아가고 있다

어둠이 불을 켜다
— 현장 · 1

아미동 산복도로 끝자락
더 이상 숨을 곳도 없다
막다른 골목에 눌어붙어
숨을 헐떡이는 쪽방
쉰내만 그득하다
아비는 6 · 25 때 전사하고
어미가 도망가 버리자
시력을 잃어버렸다는 그녀
덕달귀 같은 밤이 무서워
밤낮 감은 눈 뜨고 살았다는데
환한 어둠 속에서 살았다는데
더듬더듬 백열등을 켜고 나서야 보았네
얼마나 많은 어둠을 두레박질하여
저토록 환한 미소로 세상을 밝힐까
구절양장, 그녀의
푸른 눈물길을 따라가네
젖은 숨길이 타닥타닥
쪽방을 다 태우고 있었네

환청

— 현장 · 2

비바람 몰아치는 날이면
적군은 빗소리에 묻어서 온다
바람의 등 뒤에 숨어서 온다
사방팔방
어둠 속에서 다가오는 총구와
칼날에 살기가 번득인다
온몸을 땅에 처박고 정신을 잃었던가
죽었던가
죽어서 돌아왔던가 아니
나는 살았다는데
전쟁은 벌써 끝이 났다는데
장대비가 몸서리치듯
퍼붓던 날, 그날
아내도 자식새끼도 다 도망치고

'저놈 잡아라
저놈의 숨통을 틀어막아야 내가 산다'

그의 절규가 거리를 휘젓고 다닌
그다음 날은 꼭 비가 왔다

식욕은 축복이다
— 현장 · 3

복지관에서 늦은 출근처럼 도시락이 왔다
오후 5시
오늘 저녁과 내일 아침 식사
점심밥은 없다
방구들 신세가 된 지 오래
그래도 일요일에는 성치 않은 두 다리 끌며
교회에도 간다 하늘에 계신 하느님으로
시도 때도 없이 보채는 공복을 메우러 간다
그래도 식욕은 축복이구나
전쟁도 역사도 한참 늙었는데
전쟁고아는
나이 60이 넘어도 여전히 고아구나
먹어도 먹어도 배가 고픈
눈물 밥

— 봉사라는 이름으로 그를 방문하고 서둘러 골방을 빠져나오다가 아직도 탱탱한 그의 분노와 외로움에 걸

려 넘어지고 말았다 노랗게 질린 해바라기 몇 송이 먼 하늘만 바라보고 있었다

케 세라 세라*

— 현장 · 4

가진 재산은 병든 몸뚱이 하나뿐이니
병든 몸뚱이가 때로는 밥벌이가 되기도 한다네

세상은 핑크빛이었지 무지개 꿈이 정글을 누볐지 한 마리 비둘기가 천하무적 백마가 대한의 남자로 태어났음이 자랑이었네 어느 날부턴가 그는 잎마름병처럼 시들어 갔네 먹물 같은 광대뼈며 퀭한 눈, 말라비틀어진 두 다리 누가 자유와 평화를 지켰느냐고 묻지 마라 잘 살아 보겠노라 부모 형제 처자식 배 곯리지 않겠노라 그것이 전부였다 그것만으로도 배가 불렀다 행복했다

케 세라 세라
홀로 부르는 그의 노래는 병실에 갇혀 외롭게 죽어 간다네
꿈인가 생시인가
그때 그 이국 소녀가 아직도 뜨거운 총구 앞에서 떨고 있네

그의 숨소리는 거칠어져만 가는데
해는 또다시 떠오르는데

오늘도 그는 죽어 간다네
죽는 것이 그의 삶이라네
하루,
하루,
그 하루가 소중한 마지막 날인 것을
축복의 날인 것을

케 세라 세라
당신이 내게 불러 준 그 노래를 내가 따라가네요**

---

* 될 대로 되라는 뜻.

** Doris Day의 'Que Sera Sera' 노래 내용.

제2부

어머니가 환하다

상금으로 받은 수표 한 장
어머니께 드렸다

아가, 시인이 됐다고
시인이 되어 줘서 고맙다

많고 많은 시인들 중
그 하나가 되었을 뿐인데
그, 고맙다는 말씀에 별것도 아니란 말 하지 못했다

전깃불이 휘황한 21세기에도
어머니란 등잔불은 세상을 환히 꿰뚫어 보신다
분명

당신의 딸이 시인이라고

연가

파닥이는 오월의 목덜미를 덥석 물고 운동장 한 바퀴

챙. 챙. 챙

뛰며 쫓는 저 햇발들
좀 보아요

늙은 느티나무 아래
반눈 감은 고양이 한 마리
한낮을 끌어안고 있습니다

선홍빛 나비
그의 꿈속
하늘을 날고 있는 게지요

침묵하던 나무가
휘청
제 그림자를 내려보냅니다

해 지도록
떠나지 못한 발자국 하나
더 있습니다

겨울 동백

오뉴월에도 눈이 내린다는

속설을 믿는 저 벽창호가 춘희라니

붉은 마음밭 하나

채 일구지 못한 내 그리움 같아

동박새 품었던 가슴에

허기진 바람 한 줄기 떨고 있다

몽유역夢遊驛

역광장 구석 팽나무에 달라붙어 매미처럼 온몸을 들썩이고 있다

한 사내

무쇠 가마솥 찐빵처럼 부풀어 가는 밤

버스도 지하철도 에스컬레이터도 멈춰선 지 오래

핏발 세운 그라지아꽃 줄지어 무슨 손님을 기다린다다고

널브러진 소주병 예닐곱, 신문지 뭉개고 앉아 횡설수설하는데

한밤, 더운 잠 속에 갇혀 굼벵이 한 마리 꿈틀! 우화 중인가

빨랫줄

햇살 한줌이 허공에 매달려 그네를 탄다 이른 아침 신방이라도 차리는 걸까 연분홍빛 차렵이불 한 채 내어놓았는데, 도톰한 입술의 장미꽃 한 송이가 그녀의 엉덩이를 움켜잡고 펄럭인다 굵은 줄무늬 사각팬티도 부풀어 팽팽하다 가랑이 사이로 쪽물이 뚝뚝 떨어진다 오월이다

다정한 까치 한 쌍이 찾아와서 외줄을 타고 놀다 졸다, 간다

모래내 대장장이

남가좌동 모래내 대장간
헐떡이는 풀무 한가운데 거친 바람이 인다
불끈대는 구릿빛 등판
누천년
불의 혼을 두드리는 사내, 모루 위
뜨거운 춤판이 벌어지고 있다

달구어지지 않은 것은 없다
산맥이 솟아오르고
뜨겁게 휘돌아 나간 강줄기에
벼리어진 생명

섭씨 천 도의
불구덩이 속에서 달군 사랑이
한 송이 장미로 싸늘하게 피는
날

불씨에 목숨을 건,
목숨보다 뜨거운 불이 있다

금낭화가 절을 먹여 살린다

영축산 통도사 지나서
작은 암자 하나
시주는 큰 절에 다 뺏기고
서운암은 늘 서운했습니다
참다 못한 불목하니가
비단 꽃주머니를 만들어
(복 들어오라)
절 마당가에 묻었습니다
그 자리에 담홍색 꽃이
피어나더니 그 후
봄만 되면 지천으로
금낭화가 만발하여
세상으로 세상 속으로
꽃바랑 짊어진
탁발 행렬이 자꾸 늘어 갔습니다

당신을 따르겠습니다*

사람들이 동서남북
구름처럼 몰려와 야단법석野壇法席
영산재가 벌어져도
배부른 부처님은
(도통 모르는 일이다)
고개 한 번 까딱도 않습니다

---

* 금낭화 꽃말.

귀향

골목길이며 정자나무 아래
친구랑 놀던 그
어귀어귀
숨바꼭질하며 헤적거리던
물고기처럼

오늘 밤
수만 떨기 초승달로 떠올라 유영한다
차가운 물속에 내장까지 다 드러내고
스스로 제 몸에 불을 밝혀
추억 속 좁은 골목길을 밝힌다

늦은 봄 알을 낳고
생을 마감하는 한해살이 빙어여
다시 태어나 또 한해만 살다 간다 해도
고향 가겠구나
너는 또다시

보름달을 품어 안은 겨울
합천호, 이 밤
은빛 물살 가르며 나는
한 마리 빙어로 꿈속에서도
그 길을 간다네

민물참게

걸음걸이만큼은 거론하지 말자 쉼 없이 꼼지락꼼지락 옴싹이는 작은 입도 말하여 무엇하리 천하무적 집게발 두 개가 그의 재산 전부이니, 온몸이 그야말로 탱크인 것을, 보시게나 야위어 가는 보름달이 그대의 멍든 가슴을 건너갈 때 큰일 한번 쳐 보겠다고 세상이 온통 마파람을 일으키는데

무학산 너머 진동 골짜기 정곡못 참게들도 일생일대의 출사표를 던지는데 방죽으로 모여든 검은 군단은 바튼 길을 따라 긴 침묵의 행진을 한다 고행의 길을 간다 죽음을 끌고 온 희망이 드디어 시푸른 바다에 몸을 풀어 놓는데, 그러나 그러나

수초 사이 나의 시는 아직도 옆길로 빠지고 있는데

농번기

장맛비 잠시 그친
이른 아침
벌 떼가 대추나무 젖은 속을 이리저리 들쑤시고 다
닌다
지난밤 폭우에 꽃 다 진 줄 알았더니
숨어 숨어 살아남은 대추꽃
좁쌀만 한 향기조차 후벼 내어
마지막 꿀을 따 내는 저 억척의 날갯짓
숨 가쁜 생의 호미질이여

어머니

그리운 사마귀

배추흰나비 한 마리가 순하디순한 장다리꽃밭에 내려앉는다

사마귀의 허기가 기다리고 있는 바로 앞

날렵한 삼지창 다리에 붙잡힌 나비는 일몰의 시간을 바동거린다

사냥꾼은 화려한 만찬을 즐긴다 느긋이

장다리꽃 자지러지는
꽃다운 내 손등에 돋아난 무사마귀
뒷간으로 숨어들어
손톱으로 할퀴고 뜯다가

먹성스런 사마귀 한 마리 붙잡아
내 손등에 신주 모시듯 받들고
뜯어 먹어라 뜯어 먹어라, 주문을 왼다

내 손등으로 수없이 해가 지고
그래도 날아오르지 않는 무사마귀
날개가 찢어진 배추흰나비 같은

응원

천둥번개 치고
폭풍우 지나갔다

한 차례
홍수가 쓸고 간
지구의 맨살
가까스로 붙잡고

양달개비 하나가 혼자서 일어서려고
새파랗게 용쓰고 있다

걸음바*!

걸음바!

엄마 손 놓고
어린 우주가 막 첫발을 떼어 놓았다

---

* 걸음마의 경상도 방언.

노컷

동틀 무렵
붉은 하늘을 물고

일제히 날아오른다
가창 오리 떼
거침없는 춤사위
하늘을 뒤덮는 가창력
수천만 날개의 힘으로
허공에다 거대한 대륙을 구축하는구나
그들만의 땅, 자유
지축을 뒤흔드는 저
환호성
저토록 일사불란한 삶이라니
심장이 터질 것 같아
온몸에 소름이 돋는데
나는,
떨리는 손으로
카메라 셔터를 누른다
급히 세상을 한번 닫았다, 열었다

석남사 가는 길

가지산 가지 끝에 앉아
묵상에 잠긴 부처
내 가슴에 서린 기원
귀담아들었을까

흙 내음 향긋한 들녘에는
또 한봄 싹트는가
새싹 틔울 채비 재촉하듯
봄미나리가 한창이다

깊은 계곡
곧추선 물줄기를
바람이 간질이자
폭포는 잔뜩 신명이 났네

왕대나무 솥에
오곡밥 삼계탕은
죽향竹香으로 끓고

매실향 권주가에

그대가 취하는가 조는 듯

부처가 취하는가

매실 따는 법

매실주에 매실장아찌 안주 삼아
새참을 때우고
솜털 보송보송한 청매를 딴다
무성한 가지 속에 숨은 산처녀
손댔다 하면 재빨리 끝장을 보아야 한다
열매를 잃은 순간 나무는 맥을 놓고
잎새는 등짝을 보이며 돌아눕는데
가지는 툭 하면 부러져 버리기 때문이다
다글다글 열매 달고도 허리 낭창한
그것들이 자해하듯 몸을 내던지는데
만신창이 몸을 추스르는 데는 만 하루
긴 시간이 필요하다
오늘도 나는,
새큼달콤 청매를 찾아 으르고 달래 가며
윽박질러 매향을 탐한다

아내

구름 같은 여자

그 여자는
내 입 속 혀끝에 사는 한 마리 새
아침을 쪼아대는 참새로
귓부리 물어뜯는 앵무새로
이제는 독수리 부리까지 내세우며
날 씹는다

그녀는 노련한 사냥꾼
늑대 한 마리 생포해 품고 사는

은행을 굽다

은행들 온갖 영업전략 내세워 배불리기를 하는데 그것도 모자라 온종일 먼지와 소음에 시달리는 은행나무를 앵벌이까지 시킨다 돈이라면 아무리 좋은 세상이라지만 그렇다고 은행나무 목에 [급히 돈 쓸 분 환영! 은행 당일 대출] 개목걸이까지 걸어 놓다니

은행 금고는 열면 열수록 돈이 된단다 이 은행 저 은행 돈놀이로 물불 가리지 않는데 월급쟁이 텅 빈 마이너스통장에는 대출금 갚다 갚다 이자가 눈발로 휘날리고 신용불량자는 강추위에 계속 나가 떨어져도, 은행에선 넘쳐나는 것이 돈뿐이니

세상물정 모르는 저 나무도 샛노란 상술이 물들었는지 목 맨 광고판이 새삼 눈부시다 춥고 배고팠던 지난 겨울을 잊지 않았던 거다 동상 걸려 퉁퉁 부은 발등 내려다보며 부끄럼 같은 건 가난한 밥을 연명하는 데 전혀 도움이 되지 않는다는 사실을 알아 버린 거다

밥벌이 나선 은행나무가 툭 툭 투둑 지상으로 제 열매를 내던지는 건 미끼상품일까, 악취 풍기는 과육을 발라내고 멍든 은행 알을 굽는다 파릇파릇 제 하늘을 굽는다 은행나무 은행에서 대부한 고소하고 맛난 가을 한 자락 겁도 없이 먹어 치운다

무심에 들다

너의 심장 깊숙이 내 마음을 너무 오래 찔러 두었나

울긋불긋! 몸서리치는 가을 산, 저 사내

낡은 바짓가랑이 사이로

가랑잎 하나

툭!

떨어진다

핏빛 마음 한 장이 풍장에 들었다

후리포구의 정사

거친 파도에 훌쩍 올라타는
저 남정네
굵은 씨알만 건져 올리는 어망 속
바다는 온몸이 자꾸 뜨거워 오는데
아는가 모르는가 그 사내
밤새워 후리질만 하고
하고

헐떡이다 뒤척이다 새벽참
널브러진 몸을 해안에 끌어다 누인다

뭍에 오르는 사내
오지랖에선 그 무슨 밤꽃 향내
이 겨울

죽비 내닫는 소리
철썩
바다가 등짝을 후려친다

말똥 예찬

온몸에 가시 칠갑한
말똥 한 무더기
저 혼자,
경계가 삼엄한데

늙은 해녀
방파제에 걸터앉아
무심히 말똥을
노오란 성게알을 발라낸다

쓸쓸한 바닷가
일광은

하얀 쌀밥에 황금알을 비벼 먹는다
똥이 고소하다고
입안에서 살살 녹는다고
둘이 먹다 하나 죽어도 모르겠다고

앙증맞은 앙장구밥 한 그릇
맞장구쳐
게 눈 감추듯 해치우고
저 혼자 저무는 바닷가

어둠 속에서도
말똥말똥 두 눈 환히 뜨고
검푸른 바다 품어 안고
수만 마리 성게를 키울 거라
만날

연날리기

가오리 한 마리 무기 삼아
수리를 사냥할까
방패를 무찌를까
갑옷으로 무장하고 밤새워
사냥감 찾아 나서는 정월
대보름날

망망대해에 튕겨 놓은
내 심줄이
미끼를 어룬다 자새질하는
희망이
연줄을 타고 난다

앞산 오리나무 가지마다
횃불처럼
환한 새순
벼랑에 선 내 꿈들을 잦아 올린다
잿빛 하늘이
활활 타오른다

제3부

해미읍성에서

늙은 감나무 우듬지에 석양이 걸려 펄럭인다

하늘 가득 피비린내

천추의 한이 날마다

해마다 붉은 눈물로 주렁주렁

목메어 기다리는 천주는 오늘도 아니 오시는가

천근만근, 저물어 가는

해미의 저녁은 가슴 시리도록 아름다운데

화려한 정부

이 바닥에 발 담근 지 사십 년
이 눈치 저 눈치 잔머리 굴리다가
아까운 청춘 다 퍼 주고
얼쑤
용감무쌍하게 살아왔다
미친 척 착한 척 잘난 척
최선을 다했다 혼신을 다했다
이 순간이 영원하리라
잘나가는 내 인생, 누가
태클을 걸었을까 어림없지
이판사판 해 보는 거야
고장 난 기계도 수리하고
순정품은 아니더라도
부품 교환도 해 가며, 올인 해야지
정부미로 연명하는 주제에
주저앉으면 끝장이거든
이골 난 그대의 정부 노릇에, 나는
지치지도 않아 게걸스럽게

혼자 먹어 치울 거야 몽땅
내 방식대로 세상을 굴릴 거야
무장무장 욕정에 베팅하다가
나가떨어지기도 하면서
길들이는 정부政府와 정부情婦
말판 한판 잘 놀아 보는 거야

모산방의 여름

칠월의 방죽에 매달린 여름
매미 한 마리가 목청을 돋우고 있다
백양나무 가지가지
여우햇살이 뿌려 놓은 별빛 소나기
멀리서 귀한 손님이 오셨다
앞뜰엔 무지개
군산 앞바다가 와서 드러눕는다
내 팔을 베고 눕는다

떡갈나무 몸 달아
몸이 달아
도토리 하나 굴리네
지구를 굴리네
동동주 말술이 거꾸러지네

태백아, 노 저어라
또 모산방 가자꾸나

보리밥에 산채나물 덮어 비비자
토종 조갯살 넣고 파전도 구워 먹자
힘 부치면 십전대보탕
너랑 나랑 사발사발 퍼먹고

어떤 귀환

잘나간다는 대학의 법학부를 졸업하고
사법고시 감옥 십 년 만에
아무도 찾지 않는 산골짝
늙은 소나무 가지에
목숨을 내걸은 그 사내

시퍼런 봄날
백골로 돌아왔다

마파람 무서리에도 아랑곳없이
노송은, 끝내
그 주검의 옷자락 놓지 못하고
꽉 움켜잡고 있었다는데

어린 두 아들의 손을 잡고
희미하게 웃고 있는
호주머니 속
사진 한 장이 그를 집으로 데려왔다는데

이 산 저 산 소나무 꼴 보기 싫다고
태평양 건너가 버린 종갓집 아재
팔십 고개 넘어 귀국한다는 소식
아직도 봄날은 시퍼렇게 날 서 있는데

해우 2006

어릴 적 소풍 간 선암사 해우소에 앉아 아래를 내려다본 일이 있다

천 길 낭떠러지가 까마득한 우주 공간이었다
작은 발이 미끄러질까 두려워 문짝도 없는 칸막이만 죽어라 움켜잡고 볼일을 보았다 그리고,
다시는 절집에서 근심을 풀어 놓는 일은 없었다

올봄
선암에 든 홍매화는 유난히 선홍빛이다
오랜 세월 맨발 하나로 탁발해 온 나무는 온몸이 부르터 흙빛을 더해 가는데, 나는 쑥대밭 매러 울력이라도 가는 가탈걸음이다
측간으로 가는 길이다
먼 각황전에서 오는 길이다

36년 만이었다

아버지의 가을

탁배기 한 사발에 얼큰한 가을 나절

만산홍엽에 더 늙으신 내 아버지

마른 장작 온몸에도 숭얼숭얼 꽃불이 돋네

원진살이랬지?

— 니 겨우 고거밖에 안 되나?
소갈머리 없이 남편 옆구리나 찔러 대고
그리도 못 믿는다 그 말이가

— 더런 놈, 내는 뭐꼬?
지한테 모든 걸 다 바쳤는데
니는 뭐가 그리 잘났노
오지랖 넓어 좋겠다

— 니 봐라, 처자식 다 멕여 살린다고 하는 짓이제

낙동강 하구 둑을 지나다가
어떤 중년 부부의 싸우는 소리를 엿듣습니다

머리채를 풀어 헤친 바람이 주먹질을 해 댑니다
심장이 울컥울컥 무너져 내리는 강은 벌건 황톳물을 마구 쏟아 냅니다

난바다로 떠났던 썰물이 하릴없이 되돌아오고

지글지글 애를 끓이던 석양도 산 넘어가고
그 여자와 그 남자는 날이 다 저물도록

다 저물도록

아가야, 일어나거라

늙은 떡갈나무 밑둥치에
새순 하나가
반짝 고개를 내밀었습니다

봄비가 내려
며칠째 내려
계곡물은 몸이 불었고
눈앞이 깜깜했을, 아기 떡갈

얼마나 무서웠을까
서러웠을까
어미 발등에 납작 엎드린 채
죽은 듯이 잠들어 있더니

연초록 입술을 달싹이며
봄볕의
달콤한 젖을 빨고 있네요

비 그친 숲속에
봄바람이 토닥토닥 다녀가고
늦잠 자던 상수리 낙엽송

어린 싹들이 기지개를 켭니다

내비게이션 사용법

그를
절대 과신하지 마십시오
절벽 끝으로 데려가거나
진퇴양난의 바다로 끌고 갈지 모를 일입니다

그때,
당신은 그에게
마티니 입술 알싸한 기억 따윈 지워 버리고
인정사정없이 돌아서야 합니다
서성이는 게 바람의 근성이라지만,
적도무풍대에서 소나기를 만나 갇혀 있던 시간
그의 마음을 되찾을 수 없던
돌이킬 수 없는 그 시절을 기억한다면
내비게이션을 잘 관리하십시오
그냥 방치했다가는

당신의 아지트를 찾아낼지도
당신을 버리고

또 다른 길을 찾아
몰래 떠나 버릴지도 모릅니다

미륵리 절터에서

언제부터였을까
아기 거북 두 마리 무등 태운 채
암산 월악의 정상을 향해 오르고 있는 거북 한 마리
곧추세운 목
푸른 안광
굳은살 박인 천 년이 내 발목을 붙잡는데

산자락 굽이굽이 목이 멘
구절초 피고 또 피고

새재를 기어 넘다 문득 뒤돌아보니
미륵 부처
갓 쓴 하늘이 환하다

당간 지주에 벗어 둔 저 등짐 하나
언제 와서 또 지고 갈까
제단 아래 우산이끼 가을비 소리 듣고 섰다

염전 풍경

서해안 곰소항에 가면
태평양을 건너온
바다가 옷을 벗고 젖은 몸을 말리고 있다
염천을 태우는 여인들
젖무덤에 햇발은 폭우로 쏟아져 내려
순금을 잉태한 어머니
하얗게 빛나는 생명을 퍼 올리고, 또
퍼 올리는 한낮

살 오른 갯바람이 발목 잡혀
내 곁에 따라 눕는데

솔 숲에는
작은 주홍부전나비 한 마리가 여름 하늘을
하작하작 밀어 올리고 있다

늙은 대추나무가 있는 풍경

마을 어귀 연못가에
풋대추들 조롱조롱
이장 어른 잔소리처럼 매달려 있다

꽃이불 두들겨 대는
아낙들 방망이질 소리에
하릴없이 대추는 자꾸 낯을 붉히는데

정좌한 개구리 부처
또 꽃 한 송이 피우는가
염화시중의 미소
하늘가 닿을 듯 말 듯

수숫대 피멍든 종아리 다 아물고
마흔 고개 넘긴 세월

이제 아버지도 늙었나 보다

네 소식을 묻는다

베네치아가 폭우로 물바다가 되었다는
유월의 외신

언제였나 그대와
산마르코 광장에 새긴 푸르디푸른
그 발자국들 수장되었다네

아드리아 해를 휘돌아
성당 종루에 와서 몸을 던지던 햇살을
리알토 다리 아치에서 하얗게 빛나던 곤돌라의 꿈도
황금교회에서 한 가슴으로 몸 떨던
그날
뜨겁던 태양마저도 저 버린

하릴없이
꽃잎 한 장 허공에 띄운다

연어구이

붉은 무늬 낙엽살
깊은 가을 강을 벤다
도마 위 연어 한 마리
헐떡이는
숨소리마저 익어 가는 시간
부채살 아가미에서 새어 나온
감색 바다가 철썩 손등을 때리네
갯내음도
두고 온 강물 소리도
다시 한 번 헹구어지는 저녁 한때

식탁에 오른 연어구이 한 토막
내 중년의 거센
물살을 거슬러 올라온다

조만강

낙동강을 벗어나 여기까지 수만 세월을 걸어왔다
수중에는 노쇠한 낚싯배 한 척
밤이면 수초 우거진 가슴에 작은 등불 켜고

강 언덕
하얗게 떨고 있는 카페 통나무집
아마존의 붉은 가슴에 못질한
그 나무들
태평양 건너 뿌린 눈물이 기포로 차오른다

뒤돌아보면
그리운 고향의 풀무질 소리

새벽 강은 세상으로 가는 모든 길을 지우고
한 마리 짐승처럼
안개 속에 웅크리고 있다

곡예사

그의 몸에서는 언제나 바람 소리가 난다
바랜 옥양목처럼
깃발로 펄럭이는 사내
장대 끝에 한목숨 매달아 놓고 사뿐사뿐
하늘을 밟고 춤을 춘다

마른 등줄기에서 멎어 버린 호흡
살 타는 냄새
적멸 속

사내여
네 슬픈 외줄에 나를 태워라

댓바람이 휘몰아치는 밤
달이 차오른다
꿈틀거리는 내 살 속으로 어둠이 진다

수작

칠월 햇발이 초원집 앞마당을 종종걸음 놓다가 큰 오지그릇 앞에 멈춰 섰다 아뿔싸! 칠보단장 저 연꽃들 좀 보게나 선연 누운연 숨은연 물에잠긴연…… 뒤척이다가 큰연 새끼연…… 그토록 근심하다가 붉은연 보라연…… 애간장 또 태우다가 하루해가 다 가는데, 에라 모르겠다 정신없이 뜨거운 발을 디밀었겠다

잔 받아라
내 술잔 받아 봐라

거나한 소주병 널브러진 틈새로 늙은 고양이 한 마리 눈 붉힌 밤을 핥고 있는데

부탁드립니다

아내가 애지중지 키우던 꽃화분
하나 둘

집 앞에 내어놓았습니다

필요하신 분 가져가세요

그들은 금세 새 식구를 찾아 갔습니다

그렇게 다 떠나가고
이제 남은 건
나 하나뿐

필요하신 분
꼭
가져가십시오

약간의 햇볕과

당신의 작은 관심만 있으면
꽃 피울 수 있습니다

철철이 아내의 기억을
새록새록 피워 낼 수 있습니다

갈등

살쾡이 휙— 지나가는 바람 소리
창자가 전율한다
절벽에 선
다리가 후들거린다

세 갈래 길
트라이앵글에 얼굴을 디밀어 보라
노란 숨을 헉헉거리는
한 마리 산짐승이 보이지
안전지대에 갇혀

죽어 가는 평화
그 고통의 언저리에 깃발 하나
내 늑막 아래 감춰 두었네

내장된 화약이 부풀다 부풀다 방향을 잃고
그 무게에 짓눌려 주저앉고 말았네
다시 일어설 날 기다리는

산짐승 한 마리

따뜻한 밥상

긴 장마 속 허기진 참새 가족이 저녁 식사 사냥에 나섰다
텅 빈 주차장에 빵 부스러기 몇 조각 발견한 그들
둘, 셋, 몇 마리씩 교대로
차례를 기다려 가며 근엄한 식사가 진행되고 있다
어디선가 날아와 주변을 맴도는 초췌한 까치 한 마리
남의 밥상 앞으로 감히 다가서지 못한다
참새들의 성찬이 끝난 자리
누구를 위해 슬쩍 남겨 두고 갔을까
저 젖은, 눈물겨운 밥상을

긴 짧은 말

아~는
묵자
자자
존나

경상도 남자가 집에 와서 하는 말이
딱 네 마디뿐이라는데
말의 근검절약이 지나쳐
바짝 마른 가정이 때로는 거북 등처럼 갈라 터지기
도 한다

눈두덩 퍼런 봄날 친정 온 시누이
긴 낙동강 사연 다 풀어 놓는데
아이고 불구대천지원수! 원수! 하면서도
버릴 수 없는 미련이 셋이나 되니

그 원수 같은 넘 하고
한이불 덮고 산다고

미쳤지
당장 때려치우라고 큰소리치는 내 남편
지가 기면서

이 양반아, 당신은?
제 여동생 귀한 줄은 알면서

눈두덩 시퍼런

지 마누라는 안중에도 없제
너,
힘 빠지거든 보자고 속을 박박 긁고 있는 중이다

하일리 저녁

그때도
저녁 이맘때쯤이었을까
석양이 산허리를 잡고
용트림하는,
회색 구름이 서녘 하늘을 막 닫아걸고 있었다
해안에는
투망이며 어구가 객기에 쓰러진 채
노쇠해 가고
해 바뀐 아침이 와도
까치 한 마리 오지 않는 하일리
내가 버리고 떠났던

그 어귀에 내가 서 있다

두 눈 가득 차오르는
바다가 내 집 마당으로 들어서고
빛바랜 굴뚝에서는 내 유년의 연기가 피어오른다

제4부

등물을 치며

어머니의 등에 늙은 햇살이 반짝인다
대밭 우물가에서
등물을 쳐 주시며
내 봉긋한 가슴 속 달님을 슬쩍 만지시던
달빛보다 더 환하시던 어머니
그 밤
마른 댓잎들도 파득파득
다투어 뛰어내렸지 실눈 뜬 샛바람도 달려왔던가
차가운 등물이 이제
어머니의 빈 젖가슴을 타고 발밑
내 뿌리 속으로 스며들며
등물을 치는 내 손이
어머니 등줄기 깊은 계곡에서 자꾸 허우적인다

물수제비 뜨기

태종대 자갈마당에서
바다를 뜬다

차차차차차
처 처 처
수제비를 뜬다
하얀 수제비 동동
떠오를 때
몸져누운 내 꿈들이 벌떡
일어나 파도를 탄다

바다가 웃는다 크게
더 크게
철썩대는 바다의 오지랖
자갈마당에는 동그란 꿈들이
가득가득

갯바위 넘어 하늘이

새하얗게 미소 짓는다
따끈한 수제비 한 그릇
오찬으로

하늘 닮은 구절초도
고개 떨군 코스모스도
바다에 몸을 던졌다

시인들이 몸을 낮추어
물수제비를 뜨는 오후
한나절 내내 바다도 바빴다

여물통 연가

오래 같이 살아 황소를 닮은
늙은 감나무 아래 여물통 속으로 툭
풋감이 떨어진다 어머니의 한숨 속
붕어 새끼 서넛 고여 있는 작은 연못

여름 하늘이 물속으로 숨어들자
고추잠자리 한 떼 화르르
수면에 앉아 뜨거운 꼬리를 식힌다
지나가던 흰꼬리수리 한 마리가 수직으로 낙하한다

그림자에 놀란
붕어가 구름 속에 몸을 숨긴다

해 지고 저 멀리서
땅거미 그리움처럼 밀려올 때

감나무에 등허리 기대고 선
먼 산 같은 아버지 바라보시던 어머니

눈 속에 고여 삭지 않는 노을 같은
핏빛 같은

부라더 미싱

슬픔처럼 눈이 깊던 누렁소와
맞바꿨다던 재봉틀
시어머니의 유일한 재산 목록이었다

돌아가신 지 이십 년
때 절은 손잡이로 시어머니가 내 손을 잡아
드르륵 세월을 돌리신다

청상과부의 하얀 밤을 눈물로 박음질하여
어린 네 남매 키웠던 한생
끝난 뒤에도

떠나지 못한 앉은뱅이 재봉틀
늙은 몸을 내게 의지하고 있다니 시큰
축이 돈는 내 명치를
그녀의 굽은 등에 살몃 얹어 본다

백목련, 그 나무 아래

따스한 봄볕을 재봉하시는 시어머니와
낮잠 자는 철없는 며느리 한 폭이
추억으로 걸려 있다

자존심

길섶 잔디밭
작은 나무 한 그루가 목이 잘렸다
밑둥치만 남아

독 오른 그 나무부리가 오늘
내 발목을 걸었다
만물의 영장이라는 서슬 퍼런 별이
허공을 가르며 땅에 떨어졌다

두 손은 퍼렇게 멍들고
얼굴 살점이 이겨진 자리
멀건 진물이 스멀스멀 배어 나온다
이게 웬 앙갚음!

들고 차다가 성한 발가락까지 접질렀다
무릎을 꿇고서야 알았다
죽어 가는 나무에게도 자존심이 있다는 것을
미안하다

불모의 봄

불모산佛母山 가는 길목 저수지 가슴팍을 헤집고 버들개지가 솜털 부비며 젖을 빨고 있다 앳된 목련화 옹알이는 성주사 부처님이 들으시고 출입 금지 팻말 너머 선방 지키는 산동처녀 노란 치맛자락 흩날리는 한낮, 저 건너 야산을 포복 중인 진달래 꽃무덤 헤치고 들숨날숨 굽은 길 하나 바쁜 걸음으로 숨어들고 있다

대웅전 처마 끝에 매달린 풍경이 소스라친다 뎅 뎅 뎅 뎅그랑……

우포늪에 닿다

억만년
목숨 걸고 지켜온 처녀
사랑한다 사랑한다
불타는 구애로 또 하루를
지새우는데
칠월 땡볕 저놈 좀 봐라
종일 달군 구릿빛 알몸을
사정없이 벗어 던지네
물속의 하늘이 끝없이 내려앉네
그 자리
살 오른 마름풀
두 볼에 초록빛 섬광이 일렁인다
수초 속
논우렁이 떼 산란을 꿈꾸는
그때, 늪 속의 늪 내 손금을 따라
끈적끈적
그의 땀이 슬며시 내게로 건너온다

편두통

붉은 머리띠 질끈 동여매고 거리로 거리로 쏟아져
나온

시위대, 숨 가쁜 오월이다

지상은 시뻘건 장미 화염에 휩싸이고

그래도 나는 모른다

거짓과 진실과 꽃의 공방전

엑스레이 뷰박스에 내 한쪽 해골이 꽃잎처럼 걸려
있고

* 미국 쇠고기 수입 반대, FTA 반대 등 촛불시위로 2008년 5월은 시뻘건 넝쿨장미처럼 혼절할 것 같았다.

동거

창날 곧추세운 저 선인장의 유비무환을 보아라

바람결에 떠돌던 작은 풀씨 하나가
고단한 몸을 지상에 누인다
세상 속으로 한 생명을 밀어 올리고
풀씨는 흙이 되어서야 알았다
사방천지를 찾아 헤매다 뿌리를 내린 곳이
선인장 화분이라니!
어미는 제 어린 것을 키우기 위해
소도둑 선인장까지 먹여 살려야 했다

어느 날 아침 온 세상을 뒤덮을까
는개가 내리고 오소소 고개 내민 풀
괭이밥이 맨몸으로
가시덤불 속 선인장을 휘감아 오르고 있었다

노란 꽃들이 밥풀처럼 배를 불리던 날

만월*이 하얀 꽃 한 송이를 피우던 날

* 선인장 이름.

그래, 누구를 버렸는데?

봐라, 내사 마 밤낮 고추만 주물러 댔더니 요렇게 누렇게 안 떴나?

맙소사! 열셋 나이에 초등학교 졸업하고 이십 년 만에 나타난 친구는 만나자마자 고추 타령이다 어쩜 저리도 말이 원색적이냐고, 연자야, 마 고만해라 선생님 계신 데서

우리는 서로를 외면하면서도, 또 괜히 뜨거워져서 태양초처럼 익어 갔는데

무자식이 상팔자란다, 딸 둘이면 비행기 탄단다, 아들 하나 딸 하나 딱 마침맞게 낳았구나 그래 니는 아들 둘뿐이라고, 참 고생 많겠구나 그래도 아들 둘 뒀으니 든든하제, 지는예 딸 둘에 아들 하납니더, 하이고 내 그럴 줄 알았다 니는 원체 욕심이 많았지, 희자 니는? 딸이 셋…… 하고도 아들이 하나 더 있습니더 선생님예, 흠흠 끝내 아들까지 얻었단 말이네 아따 그놈 귀한

아들일세 잘 키워 봐라 허허

우리는 초등학교 은사님을 모셔 놓고 큰절 올리면서 구구절절 이십 년 일기를 고해 바쳤다

새파랗게 젊었던 우리 선생님, 술기운 얻어 울긋불긋 만개하고 말았으니 이제 꽃 지는 일만 남았네

호랑이 우리 선생님도 별것 아니네, 그 말이 가슴을 두드리는데, 나는 하릴없이 눈물샘만 자꾸 길어 올렸다

문산들 비닐하우스에서 고추 농사를 크게 짓고 있다는 연자는 온종일 붉은 고추만 따도 한 고랑 따내기가 힘들단다 밤이면 따 온 고추를 집구석 방구석 펴질러 말린다고 노상 고추에 파묻혀 산다고 부자 됐다고 하더라만, 복도 많은 기라

그다음 모임 때, 희자는 참 뻔뻔한 얼굴을 들이대며

기찬 고백을 하였는데

선생님 만나고 집에 가서 아이들 다 모인 자리에서 내가 우리 선생님한테 딸이 셋이고 아들은 하나라고 했다, 그랬더니, 셋째 딸이 발딱 일어서더니

'엄마, 그라모 우리 집 딸 네 명 중에서 누구를 뺐는데? 내는 아니제.'

그 얌전한 친구, 희자의 엉큼한 거짓말에 선생님도 우리도 다 속았다는 생각은 제쳐 두고

'그래, 너 누구를 버렸는데?'

일순간 소리 친 입들의 시선이 전부 제 아이 버린 그 여인에게 집중됐는데, 당황한 희자는 어눌한 얼굴을 식탁에 파묻고 울어 버리는 바람에,

그때 버린 딸이 누구인지 우리는 아직도 모른다

한철

뻐꾹,
해종일 목청 뽑는 산모롱이
농익은 뱀딸기
그 살모사 눈빛에 혹 소름 돋는데
하얀 찔레꽃 무더기무더기
수줍은 속적삼 살짝 젖히고
아가야 배고프지
한입 가득 뽀얗게 젖 물리는
한낮,
돌산 억새밭에는
끙끙 살 오른 까투리 한창 때
꺽꺽푸드덕 푸드덕 구애 중인 장끼
팽팽한 욕정도 필사적,
좋은 시절 다 보낸 산뽕나무 발아래
검붉은 오디 겹겹 몸져누웠다

2월

어시장 모퉁이 작은 플라타너스 아래
날품 팔던 사내 고단한
어깻죽지 부려 놓고 잠이 들었나
사내의 그늘 속으로

내 언 발을 슬쩍 밀어 넣었던 것인데

허기진 냉방 생솔가지 꺾어 군불을 땠던가 졸았던가
긴 혀 널름거리는 하룻밤 불길에 도둑고양이 담 넘어
가듯 무명솜이불 그대의 아랫목 살살 파고들었더니

꿈속의 사내와 얼큰한 선짓국 앞에 놓고 소주잔 기
울이며 다디단 연애질하는 사이

플라타너스 가지 살 오른 햇살이 따갑다

사월, 여의도

지금,

그의 주검이 그리워하는 것은 뜨거운 함성이 아니다

윤중로 벚나무 저 혼자 별별 궁리에 잠 못 이루는 밤

땅땅땅 의사봉 내리패는 손맛에 봄은 아직도 감감무소식

여의도 지키는 샛강 버들개지 답답한 세월을 또 들었다

놓네

사랑

늙은 참나무가 겨우살이를 꼭 껴안고 겨우내 먹여 살리고 있다
엄동설한에 동상 걸린 다리가 썩어 가는 줄도 모르고,

지리산 칼바람에도 앙상한 가슴팍에 안겨 겨우살이만 겨우 봄이다 파릇파릇

고백

내가 꽃이라면 과수원에서 제일 예쁜 한 송이 사과꽃이라면 애초록꽃무지 늦은 아침을 먹으러 나온 수컷의 밥상에 오르고 싶어요 황금빛 꽃술에 주린 입술이 고물고물 닿으면 나는 그를 위해 온몸을 활짝 열 거예요

붉디붉은 마음 한 자락 쓸어안고 그대 가슴에서 순절할 거예요 녹황색 당신의 가슴에 하얀 점무늬 하나쯤 새겨 두고 가는 것도 잊지 않을 거예요 먼 훗날 다시 태어나면 당신을 찾을 수 있도록, 그때 당신은 나를 알아볼 수 있을까 누런 상흔이 듬성듬성 못 박힌 사과 한 알

오래된 도마

벼락 맞은 나무에서 겨우 발라낸 살점이다
비린 바다가 숨어든 곳간
푸성귀의 최후가 남긴 자국
얼마나 많은 생을 난도질했는가
참회의 성호가 전신을 뒤덮고 있다
칼날이 두렵지 않은 몸통
가끔 햇볕에 몸 말리며 행복했다
여유 부리며 늘어진 뱃살도 당겨 봤어
언제까지나 영원할 줄 믿으며,
그러나 세상은 공평하지 않다는 걸
금방 깨달았어
사람들이 그랬지
새집에 이사했는데
낡은 나무도마 좀 버리라고
몇 푼 한다고
몇 푼 한다고?
돌고 도는 게 인생도 아니고
세상도 아니고

물레방아도 아니야
더더구나 그대는 아니지
온몸에 칼자국 낭자한 이 사내
쉰내만 가득한,
그러나 손궁합 척척 맞아떨어져
평생 내 배 곯리지 않았는데
여론에 귀 기울이는 척, 척,
버려?

마카오에서 번지점프를

마카오 사람들은 해가 뜨는 것을 두려워했다 밤이 영원하기를 갈구하자 낮은 더 이상 존재하지 않게 되었다

태풍 지나가거든 주장강 따라 마카오타워에 올라보라 무지갯빛 하늘이 널름널름 베팅의 춤을 제안할 것이니 그 순간 당신은 예쁜 한 마리 사막여우가 되어 내게로 오라 사지를 비틀어 대는 음악과 사지로 등 떠미는 격한 응원이 내 숨통을 끊어 놓을 것이니 우리, 베네치안을 돌고 도는 곤돌라의 운명은 되지 말자 하물며 잭팟 한판에 목숨까지 걸어서야,

오늘도 마카오 빈 하늘에는 사람들이 우수수 떨어진다 그대가 원하는 밤은 영원할 것이고, 우리 이제 사막으로 돌아가자

청룡열차를 타다

똬리 틀듯 선로는 하늘을 휘감고 있다 덜커덩덜커덩 오르막길 숨을 몰아쉬며 올라간다 서서히 어둠 속으로 항진해 간다 최정상에서 내리막길로 쏜살같이 달린다 와악 와～악 와아악 몇 번의 비명 소리 끝에 덜컹덜컹 캉캉캉 열차 바퀴만 공중을 달린다 눈을 감는다 몸이 거꾸로 하늘에 매달렸다 내 육신이다 영혼은 저만치 가볍게 손 흔들며 나를 보고 있다

떠났던 열차가 정거장에 와서 멎고
혼비백산했던 내 영혼도 이제 막 몸의 집에 돌아왔다

공허와 안도가 나란히 침목을 베고 눕는다

몸소, 가르치다

샅바 매고 엎치락뒤치락
모래밭에서 뒹굴던 좋은 시절도 있었지라

요샌 의사당이 씨름판인기라
고매한 의원 양반들 목에다 샅바 걸고
날이면 날마다 몸소 얽히고설켜 싸움박질하는 거 봤제?

모래알 여론이 휘몰아쳐
씨름판이 광활한 사막으로 변할지언정
몸부림쳐야 한다 젠장,

물 한 모금도 거부한 채 말이다
한 표 한 표 그 은혜가 백골난망 아니더냐
밀리면 끝장이다

알았나? 이넘의 자슥아

유엔묘지의 아침

대한민국 부산광역시 남구 대연4동 779번지
유월의 아침
유엔기념공원에 왔습니다

어떤 침묵이 이보다 더 환할까요

이름 모를 들꽃과
내 나라꽃 무궁화
온갖 색깔의 장미꽃들이 어우러져
님들의 무덤가에 피었습니다

오십여 년 전
칠흑 같은 대한민국의 밤하늘
꿈도 희망도 스러져 가는
이 나라에 님들은 오셨습니다

호주, 캐나다, 프랑스, 네덜란드, 뉴질랜드, 남아프리카공화국, 터키, 영국, 미국, 벨기에, 콜롬비아, 에티

오피아, 그리스, 룩셈부르크, 필리핀, 태국, 노르웨이,
덴마크, 스웨덴, 인도, 이탈리아

소중한 그대들의 조국
이름 하나하나를
가슴속으로 불러 봅니다

머언 이국땅에서
자유의 수호신으로
산화하신 님들이시여

가슴 시린
이 아름다운 이야기를
이 벅찬 슬픔을
오늘
새삼스럽게 떠올리려고 하지 않겠습니다
우리는

영원히 기억하고 있기 때문이지요

자유와 평화의 깃발 아래
수호한 이 땅
님들의 아름다운 우정의 이름으로 영원히
영원히 빛날 것입니다

발문

경락을 누르듯 맥을 짚는 손길

신 달 자
(시인)

명치끝을 울리는 시가 있다. 누군가가 알아주었으면 하는 바로 그 자리 지그시 경락을 누르듯 정확한 맥을 짚어 내는 공감의 손길을 느끼는 시가 있는 것이다. 시 한 구절에 표정이 바뀌고 저 아래 신음 소리가 새어 나오는 시, 그런 시가 전외숙의 시라고 말하고 싶다. 편하지는 않다. 분명 정신의 혼란스러운 기억의 파편들이 무늬를 이루고 있는 그의 시집은 '과거' 라는 시간 속에서 현재를 탐색하는 관찰력의 눈을 가졌다.

개구리, 늙은 노랑부리저어새, 중미산 벽계구곡 명달리, 아미동 산복도로 같은 다정하면서도 의심이 가는 이름들의 자연 풍경 위에 과거는 흐르고 현재는 시인과 잠시 대화를 나누고 있는 것이다. 전 시인의 시에서 눈길을 끄는 것은 다 지나갔는데 우뚝 서서 마주해 오는 현상들이다. 기억과 과거의 문양으로 짜는 현실인식이 돋보인다. 이상한 것은 개구리 울음소리에 시인이 존재하고 노랑부리저어새 속에 시인이 걸어나온다는 점이다. 시가 시인과 잘 결합되고 숙성된 것을 보여주는 대목일 것이다. 시인과의 간접화된 거리에서 주변의 아득한 기억을 바라본다. 그는 기억의 주인으로 오늘과 미래를 어루만지며 자신을 다스린다. 억센 언어가 눈에 띠지만 어루만지는 인내의 고음일 것이라 생각한다. 그것도 결합이리라. 「위대한 만찬」은 그야말로 그 결합을 잘 보여 주는 완성도 높은 시다. 울림과 여운이 돌면서 재빠르게 독자의 가슴으로 건너온다. 전외숙의 시는 그렇게 온다.

찔레와 줄장미와 도다리쑥국의 향기

이 화 은
(시인)

잠깐, 봄인가 싶으면 벌써 여름이다. 봄의 실종을 염려하는 이 시대에 찔레와 줄장미와 도다리쑥국의 향기를 한 아름 선물하는 이가 있으니 첫 시집을 상재한 전외숙 시인이다. 신神이 잠시 그녀의 손에 봄을 통째로 맡긴 듯, 한 시대의 여성 리더로서 시인으로서 그녀의 손길은 따스하고 부드럽다. 또한 강직한 결기를 갖추고 있다. 따스하고 부드럽고 강직한 칼만큼 강력한 무기는 없을 것이다. 세상의 불화가 그녀 앞에 무릎을 꿇는 일을 여러 번 목격한 바 있으니, 불신과 불안의 시대에 전 시인의 아름다운 시의 행로는 세상을 또 한 번 따뜻이 감싸 안을 것이다. 사람과 자연과 관계를 사랑하는 마음이 언어를 통한 섬세한 손길로 독자의 마음을 위무하고 있다. 스스로를 사랑할 줄 아는 사람이 타인을 사랑한다고 한다. 성공한, 자랑스러운 한 삶을 이루었으니 이 시집이 자랑스러운 시의 길로 가는 초석이 되기를 기대한다.

시인 전외숙田外淑

경남 진주 출생
정촌초, 진주여중, 진주여고 졸업
한국방송통신대학교 행정학과 졸업
동의대학교 행정대학원 사회복지학 석사
부산대학교 행정대학원 행정학 석사

2002년『시와시학』포엠토피아 등단
한국시인협회 회원
영남여성문학회 회원
아도문학회 동인

국가보훈처 창원보훈지청장

E-mail : jos25@hanmail.net

지금 막 꽃물이 밀물지고

지은이 | 전외숙
펴낸이 | 김재돈
펴낸곳 | 도서출판 시와시학
1판1쇄 | 2014년 6월 25일
출판등록 | 2010년 8월 10일
등록번호 | 제2010-000036호
주소 | 서울 종로구 명륜동1가 42
전화 | 744-0110
FAX | 3672-2674
값 8,000원

ISBN 978-89-94889-76-4 03810